Marina Schories

Freundschaftsbänder
Neue Knüpf-Ideen

Marina Schories

Freundschaftsbänder Neue Knüpf-Ideen

Schritt-für-Schritt-Anleitungen
Armschmuck und Accessoires

Augustus Verlag

Inhalt

5 Vorwort

6 Material

7 Vorbereitung

8 Die ersten Knoten

11 Grundmuster Streifenband
12 Pfeilspitzband
14 Band »Mitternacht«
15 Band »Benedikt«
16 Tigerband
18 Band »Karneval«
20 Band »Sarah«
22 Band »Peru«
24 Band »Cleopatra«
26 Band aus Paketschnur
28 Band »Stephanie«
30 Band »Metallica«
32 Band »Marina«
34 Band »Regenbogen«
36 Band »Ozean«
38 Gürtelschlaufen
40 Fischband
    auf Holzkugelschreiber
42 Band auf Schreibetui
42 Reißverschlußbänder
    am Schlampermäppchen
44 Band für Bleistift
46 Schnürsenkel
    für Babyschuhe
47 Kleine Pferdedecke

Vorwort

Ein Modetrend wird zum Dauerbrenner: Freundschaftsbänder, ursprünglich als Zeichen der Verbundenheit zwischen Jugendlichen ausgetauscht, haben sich längst bei allen Alters- und Bevölkerungsschichten durchgesetzt. Immer raffinierter werden die Farbkombinationen, immer ausgefallener die Knüpfmuster. Wer die ersten einfachen Bänder im Streifen- oder Pfeilspitzmuster angefertigt hat, sucht bald neue Herausforderungen.

Deshalb stelle ich hier Modelle für den raschen Erfolg ebenso vor wie schwierigere Aufgaben für Geübtere. Wer mit den ersten Bändern anfängt, dem gelingen die weiter hinten im Buch gezeigten Knüpfarbeiten problemlos. Damit der Knüpfspaß gleich losgehen kann, liegt diesem Buch das Material für das Band »Benedikt« (Seite 15) bei.

Nach alter Tradition bindet man einem Freund oder einer Freundin das Band mit drei Knoten ums Handgelenk. Der Beschenkte darf sich dabei etwas wünschen. Wenn er das Band nicht abnimmt, bis es zerschlissen ist und sich von selbst löst, soll der Wunsch in Erfüllung gehen. Ob man nun an derlei Versprechungen glaubt oder nicht: Zuneigung und Sympathie beweist ein liebevoll geknüpftes Band auf alle Fälle.

Aber nicht nur Armbänder lassen sich in der beliebten Knüpftechnik herstellen. Originelle Gürtelschlaufen sind ein Blickfang an Jeans, geknüpfte Bänder zieren Federmäppchen und Stifte, und auch an Babyschuhen wirken schmale Bändchen außergewöhnlich.

Viel Freude beim Knüpfen und Experimentieren mit Farben und Mustern!

Marina Schories

Material

Viel ist nicht nötig, um die bunten Bänder zu knüpfen: Ein paar Fäden Stickgarn, eine Schere und eine Sicherheitsnadel reichen als Grundausstattung aus. Auch wenn das Ergebnis wie gewebt aussieht, wird kein Webrahmen oder Webbrettchen gebraucht. Perlen aus Metall, Glas, Acryl oder Keramik ergeben besondere Effekte. Accessoires wie Federmäppchen, Kugelschreiber oder Babyschuhe, die mit Bändchen verziert werden, sind bei den einzelnen Modellen aufgeführt.
Wichtig für die Knüpftechnik ist die Wahl des richtigen Garns. Prinzipiell läßt sich jeder Faden verarbeiten. Auf Seite 26/27 ist sogar ein Band aus Paketschnur abgebildet. Leichter und schneller geht die Arbeit aber mit glattem, nicht zu dickem Stickgarn aus Baumwolle voran. Ich verwende im allgemeinen *Anchor*-Sticktwist und -Perlgarn der Firma *Coats Mez*. Besonders fein gelingen die Muster mit Perlgarn Nr. 5. Anfänger tun sich mit dem dickeren Perlgarn Nr. 3 oft leichter, doch ist zu bedenken, daß die Bänder dann breiter, die Muster gröber werden. Wollfäden und ähnliche Garne mit rauher Oberfläche lassen sich schlecht knüpfen, denn die Knoten sollten leicht auf dem Spannfaden zu verschieben sein.
Bei den Materialangaben zu den einzelnen Modellen sind jeweils die Farbnummern der Originalgarne von *Coats Mez* genannt. Diese Angaben sind selbstverständlich nur als Empfehlungen gedacht. Selbstverständlich lassen sich auch mit anderen Farben und Fabrikaten ebenso schöne Ergebnisse erzielen. Entscheidend ist, was jeder selbst schön findet und was zum Beschenkten paßt. Auch gewagte Kombinationen wirken oft sehr effektvoll.

Vorbereitung

Zunächst werden die Fäden zugeschnitten. Achtung: Durch die Knoten „kriecht" das Garn auf einen Bruchteil seiner ursprünglichen Länge zusammen. Für ein gewöhnliches Bändchen werden also rund 90 cm lange Fäden gebraucht. Zum Abmessen ist kein Maßband nötig: Man nimmt einfach dreimal die Länge des Unterarms als Maß.
Alle Fäden verden miteinander verknotet. Dabei sollten über dem Knoten mindestens zehn Zentimeter der Fäden stehenbleiben. Daraus wird dann später der Abschluß geflochten.
Durch den Knoten steckt man eine Sicherheitsnadel und befestigt damit die Arbeit an einer festen Unterlage. Besonders einfach ist das, wenn man beim Knüpfen Jeans trägt: Dann steckt man die Fäden einfach knapp über Kniehöhe an der Hose fest. Schonender ist es, ein Nickytuch ums Knie zu binden und die Nadel daran zu befestigen oder ein Sofakissen mit der Knüpfarbeit zwischen die Knie zu nehmen. Mit dem Kissen kann man die Knüpferei dann auch für eine Weile beiseitelegen und später daran weiterarbeiten.
Nun legt man die Fäden nach der gewünschten Farbfolge sortiert strahlenförmig auf dem Oberschenkel oder auf dem Kissen aus. Dann kann's losgehen.

Mein Tip:

Wichtig ist, daß immer genügend lange Fadenenden über dem Anfangsknoten hängenbleiben, damit später Zöpfchen als Verschluß geflochten werden können.

Technik

Die Arbeitsweise beim Knüpfen der Freundschaftsbänder entspricht dem Makramee. Von den beliebig vielen Fäden ist immer nur einer der Arbeitsfaden und einer der Spannfaden. Mit dem Arbeitsfaden knüpft man jeweils zwei Knoten auf dem Spannfaden, der dabei – wie sein Name schon sagt – straff gehalten werden muß. Während des Knüpfens wechseln Arbeits- und Spannfäden immer wieder ihre Position und ihre Funktion: Was zunächst Arbeitsfaden war, wird später Spannfaden und umgekehrt.

Die ersten Knoten

So vielfältig die Muster und Farben sind: Für alle Bändchen muß man nur drei verschiedene Knoten kennen, die sich in kürzester Zeit lernen lassen.

Der nach rechts geknüpfte Knoten

F1 F2 — F1 F2 — F1 F2 — F2 wird F1 F1 wird F2

1. F1 ist Arbeitsfaden, F2 ist Spannfaden.
2. Spannfaden F2 mit der linken Hand spannen. Mit der rechten Hand Arbeitsfaden F1 von links nach rechts über F1 legen, durch die entstandene Schlinge ziehen und den Knoten nach oben schieben. In der Seemannssprache nennt man diesen Knoten einen „halben Schlag".
3. Den zweiten Knoten ebenso knüpfen und fest an den ersten schieben.
4. Der Doppelknoten ist fertig. Die Fäden haben nun ihre Position gewechselt.

Der nach links geknüpfte Knoten

F1 F2 — F1 F2 — F1 F2 — F2 wird F1 F1 wird F2

1. F1 ist Spannfaden, F2 ist Arbeitsfaden.
2. Spannfaden F1 mit der rechten Hand spannen. Mit der linken Hand Arbeitsfaden F2 von rechts nach links über F1 legen, durch die entstandene Schlinge ziehen und den Knoten nach oben schieben.
3. Den zweiten Knoten ebenso knüpfen und fest an den ersten schieben.
4. Der Doppelknoten ist fertig. Auch diesmal haben die Fäden ihre Position gewechselt.

Der abwechselnd geknüpfte Knoten

1. F1 ist Arbeitsfaden, F2 ist Spannfaden.
2. Spannfaden F2 mit der linken Hand spannen. Mit F1 und der rechten Hand einen Knoten nach rechts knüpfen.
3. F1 nach rechts legen. F2 mit der rechten Hand spannen.
4. Mit F1 und der linken Hand einen Knoten nach links über F2 knüpfen. Den Doppelknoten fest nach oben schieben.

F1   F2

F1   F2

F2   F1

F2   F1

Wichtig ist es, immer die Reihenfolge der Fäden im Auge zu behalten. Wenn der Faden, der am Anfang als Faden 1 (F1) bezeichnet wird, bis zum Ende der Arbeit F1 bleibt, obwohl er immer wieder die Position wechselt, verliert man leicht den Überblick, besonders dann, wenn man die Arbeit unterbrechen muß. In diesem Buch gilt daher:

> **Faden 1 ist immer der linke äußere Faden!**

Beispiel:
(8 Fäden, Streifenmuster)
F1, der linke äußere Faden, ist Arbeitsfaden. Der Reihe nach knüpft man nun damit jeweils einen Dop-

F1 F2 F3 F4 F5 F6 F7 F8

pelknoten auf Faden 2, 3, 4, 5, 6, 7 und 8. Jetzt hängt F1 rechts von der Arbeit und wird damit zu F8.
Für die nächste Knotenreihe gilt der Faden, der jetzt links außen liegt, als F1.
Bei diesem Grundmuster wäre auch eine andere Zählweise leicht zu durchschauen, bei komplizierteren Modellen hat sich diese Numerierung aber am besten bewährt. Wer die Arbeit für einige Zeit beiseitelegen muß, kann jederzeit weiterknüpfen, ohne lang überlegen zu müssen, welcher Faden denn ganz am Anfang F1 war.
Die Modelle in diesem Buch sind nach ihrem Schwierigkeitsgrad geordnet. Wer sich zum ersten Mal an die Knüpferei wagt, sollte deshalb mit einem Probebändchen im Grundmuster anfangen, um die Technik zu lernen, und sich langsam durch das Buch vorwärtsknüpfen. Damit die Bändchen haltbar und gleichmäßig werden, müssen die Knoten jeweils dicht an die vorangegangene Reihe geschoben und gut festgezogen werden.

Der Abschluß

Wenn das Bändchen fertig geknüpft ist, müssen die losen Fadenenden verwahrt werden. Zunächst wird der Knoten aufgelöst, durch den die Sicherheitsnadel gesteckt war. Einfach und praktisch ist es, die Fäden nun zu einem oder zwei Zöpfen zu flechten und die Enden zu verknoten.
Einzelne Zöpfe können mit den traditionellen drei Knoten ums Handgelenk gebunden werden. Besonders hübsch und vor allem zweckmäßig – wenn man das Band gelegentlich abnehmen will – ist der Kreuzknoten (siehe Zeichnung).

Die Modelle in diesem Buch sind nach ihrem Schwierigkeitsgrad geordnet. Die Anzahl der Sicherheitsnadeln zeigt an, ob ein Band einfach zu knüpfen ist oder Erfahrung erfordert:

 Das schaffen auch Anfänger.

 Einige Bänder sollte man schon geknüpft haben!

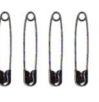 Erfordert Erfahrung.

 Eine Herausforderung für Könner!

Wer am einen Ende des Bandes eine Schlaufe haben möchte, muß das bereits beim Zuschneiden der Fäden bedenken: Halb soviele Fäden, wie für das Band nötig sind, werden in der doppelten Länge zugeschnitten, in der Mitte verknotet und auf einer Länge von etwa 5 cm verflochten. Der Zopf wird zur Schlinge gelegt, alle Fäden werden unterhalb der Schlinge verknotet. Mit der richtigen Faden-Anzahl wird nun wie üblich geknüpft (siehe Zeichnung).
Für einen Kordel-Abschluß werden die Anfangs- und Endfäden jeweils in zwei Stränge geteilt. Jeder Strang wird einzeln verdreht, dann legt man die beiden gedrehten Stränge eines Bändchen-Endes aneinander und verdreht sie miteinander. Ein Knoten sichert die Kordel und schließt das Bändchen ab.

Grundmuster:
Streifenband

Wenn man jeweils den linken Faden als Arbeitsfaden mit zwei Knoten nach rechts um alle danebenliegenden Fäden knüpft, entsteht das schräge Streifenmuster ganz von selbst. Durch die Farbwahl ergeben sich schon bei diesem einfachen Band viele Variationsmöglichkeiten.

Material

Anchor-Perlgarn Nr. 5
(Coats Mez)
10 Fäden/90 cm:
2 Fäden weiß (1)
2 Fäden orange (330)
2 Fäden gelb (288)
2 Fäden blau (132)
2 Fäden grün (212)

So wird's gemacht

Fäden verknoten, Sicherheitsnadel anbringen. Vor dem Knüpfen die Fäden fächerartig sortieren:
F1 und F10 blau,
F2 und F9 gelb,
F3 und F8 grün,
F4 und F7 orange,
F5 und F6 weiß.

Knüpfweise

A Mit F1 (links außen) je zwei Knoten nach rechts über F2, F3, F4, F5, F6, F7, F8, F9 und F10 knüpfen. F1 nach rechts legen (er wird nun zu F10).

B Die erste Reihe ist fertig. Auf der Oberseite des künftigen Bändchens sind neun blaue Knoten zu sehen.

C Links außen liegt nun der zweite Faden (gelb) als neuer Arbeitsfaden F1. Damit wieder je zwei Knoten nach rechts über F2 bis F10 knüpfen.

D Die zweite Reihe ist fertig. Es sind zwei Reihen Knoten zu sehen.

E Faden um Faden geht's jetzt weiter. Der linke äußere Faden wird jeweils zum Arbeitsfaden, der mit jeweils zwei Knoten nach rechts um die danebenliegenden Fäden geschlungen wird. Es entstehen schräge Knotenreihen in der vorher festgelegten Farbfolge.

F Das Bändchen ist lang genug, wenn es locker ums Handgelenk paßt.

G Die Fadenenden zu einem dünnen Zopf flechten und verknoten.

H Die Sicherheitsnadel aus dem oberen Knoten ziehen. Den Knoten auflösen und die oberen Fadenenden ebenfalls flechten – fertig.

Mein Tip:

Wichtig ist es, die Reihenfolge der Fäden stets beizubehalten und immer die richtige Seite des Bändchens oben liegen zu haben. Die Oberseite sieht „wie gewebt" aus, auf der Unterseite zeigen sich die Knoten ganz deutlich.

Pfeilspitzband

Obwohl das Pfeilspitzmuster sehr viel komplizierter wirkt als das Streifenmuster, ist es fast genauso leicht zu knüpfen. Die Pfeilspitztechnik wird für viele Bänder benötigt.

Material

Anchor-Perlgarn Nr. 5
(Coats Mez)
10 Fäden/90 cm:
2 Fäden hellila (95)
4 Fäden lila (97)
2 Fäden blau (127)
2 Fäden weiß (486)

So wird's gemacht

Fäden verknoten, Sicherheitsnadel anbringen. Vor dem Knüpfen die Fäden fächerartig sortieren:
F1 und F10 lila,
F2 und F9 hellila,
F3 und F8 blau,
F4 und F7 weiß,
F5 und F6 lila.

Knüpfweise

A Mit F1 (lila) je zwei Knoten nach rechts über F2, F3, F4, F5. Mit F10 (lila) je zwei Knoten nach links über F9, F8, F7, F6. Mit F5 (lila) zwei Knoten nach rechts über F6 (lila). Eine lilafarbene Spitze ist entstanden.

B Punkt **A** zwölfmal wiederholen, bis insgesamt drei blaue Spitzen zu sehen sind.

C Mit F1 (weiß) je zwei Knoten nach rechts über F2, F3, F4; Faden nach rechts legen.

D Mit F1 (lila) je zwei Knoten nach rechts über F2 und F3.

E Mit F1 (lila) zwei Knoten nach rechts über F2.

F Mit F4 (weiß) je zwei Knoten nach links über F3, F2 und F1.

G Mit F5 (blau) je zwei Knoten nach links über F4, F3, F2 und F1.

H Mit F10 (weiß) je zwei Knoten nach links über F9, F8 und F7.

I Mit F10 (lila) je zwei Knoten nach links über F9 und F8.

J Mit F10 (lila) zwei Knoten nach links über F9.

K Mit F7 (weiß) je zwei Knoten nach rechts über F8, F9 und F10.

L Mit F6 (blau) je zwei Knoten nach rechts über F7, F8, F9 und F10.

M Nun die Pfeilspitzen von der Mitte aus arbeiten: Ein blaues Kreuz entsteht.

N Mit F5 (lila) zwei Knoten nach rechts über F6 (lila). Den Knüpfknoten fest nach oben schieben. Mit F5 (lila) je zwei Knoten nach links über F4, F3, F2 und F1. Mit F6 (lila) je zwei Knoten nach rechts über F7, F8, F9 und F10.

O Punkt **N** zwölfmal wiederholen. Die letzte Spitze ist hellila.

P Mit F5 (weiß) zwei Knoten nach rechts über F6 (weiß). Mit F5 (weiß) je zwei Knoten nach links über F4, F3, F2. Mit F6 (weiß) je zwei Knoten nach rechts über F7, F8 und F9. Mit F5 (blau) zwei Knoten nach rechts über F6 (blau).

Q Mit F5 (blau) je zwei Knoten nach links über F4 und F3. Mit F6 (blau) je zwei Knoten nach rechts über F7 und F8. Mit F5 (lila) zwei Knoten nach rechts über F6 (lila).

R Mit F3 (blau) je zwei Knoten nach rechts über F4 und F5. Mit F8 (blau) zwei Knoten nach links über F7 und F6. Faden 5 und 6 zusammenknoten. Ein dunkelblaues „Auge" ist entstanden.

S Jetzt wird das Band symmetrisch zur ersten Hälfte weitergeknüpft: Mit F2 (weiß) je zwei Knoten nach rechts über F3, F4 und F5. Mit F9 (weiß) je zwei Knoten nach links über F8, F7 und F6. F5 und F6 zusammenknoten.

T Mit F1 (hellila) je zwei Knoten nach rechts über F2, F3, F4 und F5. Mit F10 (hellila) je zwei Knoten nach links über F9, F8, F7 und F6. F5 und F6 zusammenknoten.

U Ab Punkt **A** wiederholen, bis das Band die gewünschte Länge hat.

V Das Band auf beiden Seiten mit einem gedrehten oder einfach geflochtenen Zopf und einem Knoten abschließen.

Band „Mitternacht"

Dieses Band wirkt durch seine Breite und die geometrischen Formen in kräftigen Farben. Wenn die Fäden sortiert sind und die erste Pfeilspitze geknüpft ist, kann nichts mehr schiefgehen: Die Farbfolge ergibt sich ganz von selbst.

Material

Anchor-Perlgarn Nr. 5 (Coats Mez)
16 Fäden/90 cm:
6 Fäden blau (410)
4 Fäden schwarz (403)
6 Fäden weiß (1)

So wird's gemacht

Fäden verknoten, Sicherheitsnadel anbringen. Vor dem Knüpfen die Fäden fächerartig sortieren:
F1 bis F6 blau,
F7 bis F10 schwarz,
F11 bis F16 weiß.

Knüpfweise

A Gearbeitet wird im Pfeilspitzmuster von der Mitte aus. Mit F8 (schwarz) zwei Knoten nach rechts über F9.

B Mit F8 (schwarz) je zwei Knoten nach links über F7, F6, F5, F4, F3, F2 und F1. Mit F9 (schwarz) je zwei Knoten nach rechts über F10, F11, F12, F13, F14, F15 und F16.

C Die Punkte **A** und **B** wiederholen, bis das Band die gewünschte Länge hat.

D Das Band auf beiden Seiten mit einem Zöpfchen abschließen.

Band „Benedikt"

Diese Variante des Pfeilspitzbandes bekommt leuchtende Akzente durch die gelben Spitzen zwischen den edlen, dunklen Tönen. Ein zusätzlicher Blickfang sind die Durchbrüche, die auch Anfängern schon gelingen.

Material

Anchor-Perlgarn Nr. 5
(Coats Mez)
8 Fäden/90 cm:
2 Fäden gelb (291)
2 Fäden lila (102)
2 Fäden grau (236)
2 Fäden rot (70)

So wird's gemacht

Fäden verknoten, Sicherheitsnadel anbringen. Vor dem Knüpfen die Fäden fächerartig sortieren:
F1 und F8 lila,
F2 und F7 gelb,
F3 und F6 rot,
F4 und F5 grau.

Knüpfweise

A Mit F1 (lila) zwei Knoten nach rechts über F2. Mit F3 (rot) zwei

Knoten nach rechts über F4. Mit F8 (lila) zwei Knoten nach links über F7. Mit F6 (rot) zwei Knoten nach links über F5.

B Mit F2 (lila) zwei Knoten nach links über F1. Mit F4 (rot) zwei Knoten nach links über F3. Mit F7 (lila) zwei Knoten nach rechts über F8. Mit F5 (rot) zwei Knoten nach rechts über F6.

C Mit F1 (lila) je zwei Knoten nach rechts über F2, F3 und F4. Mit F8 (lila) je zwei Knoten nach links über F7, F6 und F5. F4 und F5 zusammenknoten (Pfeilspitze).

D Punkt C dreimal wiederholen. (Die Farben wechseln dabei.)

E Punkt **A** Punkt **D** wiederholen, bis das Band lang genug ist.

F Das Band auf beiden Seiten mit einem Zöpfchen abschließen.

Das Material für das Band Benedikt liegt diesem Buch bei, so daß der Knüpfspaß gleich losgehen kann.

Tigerband

Die Kontrastfarben Gelb und Schwarz fallen bestimmt auf! Aber auch andere leuchtende Farben ergeben mit Schwarz zusammen tolle Effekte.

Material

Anchor-Sticktwist
(Coats Mez)
8 Fäden/90 cm:
4 Fäden schwarz (403)
4 Fäden gelb (291)

So wird's gemacht

Fäden verknoten, Sicherheitsnadel anbringen. Vor dem Knüpfen die Fäden fächerartig sortieren:
F1 und F8 schwarz,
F2 und F7 gelb,
F3 und F6 schwarz,
F4 und F5 gelb.

Knüpfweise

A Mit F1 (schwarz) je zwei Knoten nach rechts über F2, F3 und F4. Mit F8 (schwarz) je zwei Knoten nach links über F7, F6 und F5. F4 und F5 zusammenknoten. Eine schwarze Pfeilspitze ist entstanden.

B Punkt **A** viermal wiederholen.

C Mit F1 (gelb) je zwei Knoten nach rechts über F2 und F3. Mit F8 (gelb) je zwei Knoten nach links über F7 und F6.

D Mit F1 (schwarz) einen abwechselnd nach rechts und zurück nach links geknüpften Knoten über F2 (Wechselknoten). Mit F8 (schwarz) einen abwechselnd nach links und zurück nach rechts geknüpften Knoten über F7 (Wechselknoten).

E Mit F3 (gelb) je zwei Knoten nach links über F2 und F1. Mit F6 (gelb) je zwei Knoten nach rechts über F7 und F8.

F Mit F4 (schwarz) je zwei Knoten nach links über F3, F2 und F1. Mit F5 (schwarz) je zwei Knoten nach rechts über F6, F7 und F8.

G Mit F4 (gelb) zwei Knoten nach rechts über F5. Mit F4 (gelb) je zwei Knoten nach links über F3, F2 und F1. Mit F5 (gelb) je zwei Knoten nach rechts über F6, F7 und F8.

H Punkt **G** dreimal wiederholen.

I Mit F4 (gelb) zwei Knoten nach rechts über F5.

J Mit F3 (schwarz) zwei Knoten nach rechts über F4. Mit F6 (schwarz) zwei Knoten nach links über F5. F4 und F5 zusammenknoten.

K Mit F1 (schwarz) je zwei Knoten nach rechts über F2 und F3. Mit F8 (schwarz) je zwei Knoten nach links über F7 und F6.

L Mit F1 (gelb) je zwei Knoten nach rechts über F2 und F3. Mit F8 (gelb) je zwei Knoten nach links über F7 und F6.

M Mit F1 (gelb) zwei Wechselknoten über F2. Mit F8 (gelb) zwei Wechselknoten über F7.

N Mit F4 (schwarz) je zwei Knoten nach links über F3, F2 und F1. Mit F5 (schwarz) je zwei Knoten nach rechts über F6, F7 und F8. Die mittleren Fäden werden gespannt nach unten gezogen.

O Mit F4 (gelb) zwei Knoten nach rechts über F5. Mit F4 (gelb) je zwei Knoten nach links über F3, F2 und F1. Mit F5 (gelb) je zwei Knoten nach recht über F6, F7 und F8.

P Punkt **G** bis **O** zweimal und anschließend Punkt **G** und **H** noch einmal wiederholen.

Q Das Band mit zwei Zöpfchen abschließen.

Mein Tip:

Der Wechselknoten wird zuerst nach rechts und dann nach links oder umgekehrt geknüpft.

Band „Karneval"

Die filigrane Wirkung entsteht durch die zahlreichen Durchbrüche.
Die kühlen Farbtöne harmonieren perfekt miteinander.

Material

Anchor-Perlgarn Nr. 5
(*Coats Mez*)
10 Fäden/90 cm:
2 Fäden grün (188)
2 Fäden pink (89)
2 Fäden schwarz (403)
2 Fäden blau (941)
2 Fäden weiß (486)

So wird's gemacht

Fäden verknoten, Sicherheitsnadel anbringen. Vor dem Knüpfen die Fäden fächerartig sortieren:
F1 und F10 weiß,
F2 und F9 pink,
F3 und F8 blau,
F4 und F7 schwarz,
F5 und F6 grün.

Knüpfweise

A Mit F1 (weiß) je zwei Knoten nach rechts über F2 und F3. Mit F10 (weiß) je zwei Knoten nach links über F9 und F8.

B Mit F4 (schwarz) je zwei Knoten nach links über F3 und F2 und einen abwechselnd erst nach links und dann nach rechts geknüpften Knoten über F1. Faden nach innen legen.

C Mit F7 (schwarz) je zwei Knoten nach rechts über F8 und F9 und einen abwechselnd erst nach rechts und dann nach links geknüpften Knoten über F10. Faden nach innen legen.

D Mit F5 (grün) je zwei Knoten nach links über F4, F3 und F2 und einen abwechselnd erst nach links und dann nach rechts geknüpften Knoten über F1. Faden nach innen legen.

E Mit F6 (grün) je zwei Knoten nach rechts über F7, F8 und F9 und einen abwechselnd erst nach rechts und dann nach links geknüpften Knoten über F10. Faden nach innen legen.

F Mit F5 (weiß) zwei Knoten nach rechts über F6.

G Punkt **A** bis **F** wiederholen, bis das Band die gewünschte Länge hat.

F Das Band auf beiden Seiten mit einem Zöpfchen beenden.

Mein Tip:

Bei der Wiederholung des Musters ändert sich die Farbfolge. Es ist daher besonders wichtig, die Nummern der Fäden zu beachten.

19

Band „Sarah"

Die zarten Farben dieses Bandes passen besonders gut zum sommerlichen „Naturlook" mit Leinen und Baumwolle. Seinen Charakter bekommt das Band durch die Spannfäden.

Material

Anchor-Perlgarn Nr. 5
(*Coats Mez*)
8 Fäden/90 cm:
2 Fäden hautfarben (778)
2 Fäden rosé (895)
2 Fäden weiß (486)
2 Fäden grün (213)

So wird's gemacht

Fäden verknoten, Sicherheitsnadel anbringen. Vor dem Knüpfen die Fäden fächerartig sortieren:
F1 und F5 rosé,
F2 und F6 haut,
F3 und F7 grün,
F4 und F8 weiß.

Knüpfweise

A Mit F1 (rosé) je zwei Knoten nach rechts über F2, F3, F4, F5, F6, F7 und F8.

B Mit F1 (haut) je zwei Knoten nach rechts über F2, F3, F4, F5, F6 und F7.

C Mit F1 (grün) je zwei Knoten nach rechts über F2, F3, F4, F5 und F6.

D Mit F6 (grün) zwei Knoten nach links über F5. Mit F7 (haut) je zwei Knoten nach links über F6 und F5. Mit F8 (rosé) zwei Knoten nach links über F7, F6 und F5.

E Mit F4 (grün) zwei Knoten nach rechts über F5. Mit F3 (haut) zwei Knoten nach rechts über F4. Mit F2 (rosé) zwei Knoten nach rechts über F3. Mit F1 (weiß) zwei Knoten nach rechts über F2.

F Mit F8 (weiß) je zwei Knoten nach links über F7, F6, F5, F4, F3, F2 und F1.

G Punkt **F** noch zweimal wiederholen.

H Mit F8 (grün) je zwei Knoten nach links über F7, F6, F5, F4, F3 und F2.

I Mit F8 (haut) je zwei Knoten nach links über F7, F6, F5, F4 und F3.

J Mit F8 (rosé) je zwei Knoten nach links über F7, F6, F5 und F4.

K Mit F4 (rosé) zwei Knoten nach rechts über F5. Mit F3 (haut) je zwei Knoten nach rechts über F4 und F5. Mit F2 (grün) je zwei Knoten nach rechts über F3, F4 und F5. Mit F1

(haut) je zwei Knoten nach rechts über F2, F3, F4 und F5.

L Mit F6 (6 (weiß) zwei Knoten nach links über F5. Mit F7 (rosé) zwei Knoten nach links über F6. Mit F8 (weiß) zwei Knoten nach links über F7.

M Punkt **A** bis **L** wiederholen, bis das Band die gewünschte Länge hat. Bei der Wiederholung verändert sich die Farbfolge, wer sich aber an die Numerierung hält, hat keine Schwierigkeiten. F1 ist immer der jeweils links außen liegende Faden.

N Das Band auf beiden Seiten mit je einem Zöpfchen abschließen.

Mein Tip:

In kräftigen Tönen, vielleicht mit Schwarz kombiniert, bekommt das gleiche Band einen völlig anderen Charakter. Das Experimentieren mit Farben lohnt sich!

Band „Peru"

Bei diesem Band habe ich das Garn farblich auf die fertig gekaufte Perle abgestimmt. Wer mag, kann aber auch eine Holzperle nach eigenen Vorstellungen bemalen und einknüpfen.

Material

Anchor-Sticktwist
(Coats Mez)
8 Fäden/90 cm:
2 Fäden rot (47)
2 Fäden grün (278)
2 Fäden lila (112)
2 Fäden gelb (188)
1 Holzperle, passend bemalt

So wird's gemacht

Perle über alle Fäden ziehen und in die Mitte schieben. Oberhalb der Perle alle Fäden verknoten und die Sicherheitsnadel anbringen (siehe auch Band „Cleopatra", Seite 24). Geknüpft wird auf der nicht verknoteten Seite. Vor dem Knüpfen die Fäden fächerartig sortieren:
F1 und F8 grün,
F2 und F7 rot,
F3 und F6 gelb,
F4 und F5 lila.

Knüpfweise

A Mit F1 (grün) je zwei Knoten nach rechts über F2, F3 und F4. Mit F8 (grün) je zwei Knoten nach links über F7, F6 und F5. Mit F4 (grün) zwei Knoten nach rechts über F5: Eine grüne Pfeilspitze ist entstanden.

B Punkt **A** zweimal wiederholen. Eine rote und eine gelbe Pfeilspitze entstehen.

C Mit F1 (lila) je zwei Knoten nach rechts über F2 und F3. Mit F8 (lila) je zwei Knoten nach links über F7 und F6.

D Mit F1 (grün) einen Wechselknoten (abwechselnd nach rechts und nach links geknüpft) auf F2 (rot). Auf diese Weise insgesamt acht Wechselknoten knüpfen. Mit F8 ebenfalls acht Wechselknoten auf F7 knüpfen.

E Mit F4 (gelb) zwei Knoten nach links über F3. Mit F5 (gelb) zwei Knoten nach rechts über F6..

F Mit F4 (lila) zwei Knoten nach rechts über F5.

G Mit F3 (gelb) zwei Knoten nach rechts über F4. Mit F6 (gelb) zwei Knoten nach links über F5. Mit F4 (gelb) zwei Knoten nach rechts über F5.

H Mit F3 (lila) je zwei Knoten nach links über F2 und F1. Mit F6 (lila) je zwei Knoten nach rechts über F7 und F8.

I Mit F4 (gelb) je zwei Knoten nach links über F3, F2 und F1. Mit F5 (gelb) je zwei Knoten nach rechts über F6, F7 und F8.

J Mit F4 (rot) zwei Knoten nach rechts über F5 (rot). Mit F4 (rot) zwei Knoten nach links über F3 (grün). Mit F5 (rot) zwei Knoten nach rechts über F6 (grün).

K Mit F4 (grün) zwei Knoten nach rechts über F5 (grün).

L Mit F3 (rot) zwei Knoten nach rechts über F4 (grün). Mit F6 (rot) zwei Knoten nach links über F5. Mit F4 (rot) zwei Knoten nach rechts über F5. Die mittleren 4 Fäden gut spannen.

M Punkt **D** wiederholen.

N Mit F3 (grün) je zwei Knoten nach links über F2 und F1. Mit F4 (rot) je zwei Knoten nach links über F3, F2 und F1.

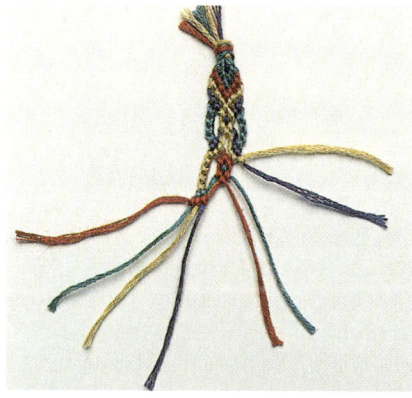

O Mit F6 (grün) je zwei Knoten nach rechts über F7 und F8. Mit F5 (rot) je zwei Knoten nach rechts über F6, F7 und F8.

P Punkt **J** bis **O** wiederholen, bis das Band die halbe gewünschte Länge hat. Dabei verändert sich die Farbfolge.

Q Den Knoten oberhalb der Perle auflösen und die bereits geknüpfte Seite verknoten und mit der Sicherheitsnadel auf der Unterlage befestigen. Die andere Seite des Bandes auf die gleiche Weise fertigstellen.

R Das Band auf beiden Seiten mit einem Zöpfchen abschließen.

Band „Cleopatra"

Das edle Band ist eine Herausforderung für Geübtere. Doch die Mühe lohnt sich: Die Messingperlen und die exquisiten Farben machen das Band zu einem echten Schmuckstück.

Material

Anchor-Perlgarn Nr. 5
(Coats Mez)
12 Fäden/90 cm:
2 Fäden schwarz (403)
2 Fäden hellgrau (234)
2 Fäden dunkelgrau (236)
4 Fäden grün (269)
2 Fäden gelb (302)
3 Messingperlen
(Hobbyfachhandel, Kaufhaus)

So wird's gemacht

Die drei Perlen über alle Fäden ziehen und in die Mitte schieben. Oberhalb der Perle alle Fäden verknoten und die Sicherheitsnadel anbringen. Geknüpft wird auf der nicht verknoteten Seite. Vor dem Knüpfen die Fäden fächerartig sortieren:
F1 und F12 grün,
F2 und F11 gelb,
F3 und F10 dunkelgrau,
F4 und F9 hellgrau,
F5 und F8 grün,
F6 und F7 schwarz.

Knüpfweise

A Mit F1 (grün) je zwei Knoten nach rechts über F2, F3, F4, F5 und F6. Dabei stets die Farbfolge beachten!

B Mit F12 (grün) je zwei Knoten nach links über F11, F10, F9, F8 und F7. F6 und F7 zusammenknoten. Eine grüne Pfeilspitze ist entstanden.

C Punkt **A** und **B** noch viermal wiederholen, bis wieder eine grüne Spitze erscheint.

D Mit F1 (schwarz) einen Wechselknoten (abwechselnd nach rechts und links geknüpft) auf F2. Den Wechselknoten weitere achtmal wiederholen.

E Mit F12 (schwarz) einen Wechselknoten (abwechselnd nach links und rechts geknüpft) auf F11. Auch diesen Wechselknoten weitere achtmal wiederholen. Der grüne Spannfaden muß von den schwarzen Knoten völlig bedeckt sein.

F Mit F3 (gelb) je zwei Knoten nach rechts über F4 und F5. Mit F10 (gelb) je zwei Knoten nach links über F9 und F8. Zwischendurch die Fäden immer wieder fächerartig sortieren.

G Mit F5 (gelb) je zwei Knoten nach links über F4 und F3. Mit F8 (gelb) je zwei Knoten nach rechts über F9 und F10.

H Mit F5 (hellgrau) je zwei Knoten nach links über F4, F3, F2 und F1. Mit F8 (hellgrau) je zwei Knoten nach rechts über F9, F10, F11 und F12.

I Mit F6 (grün) je zwei Knoten nach links über F5, F4, F3 und F2. Mit F7 (grün) je zwei Knoten nach rechts über F8, F9, F10 und F11.

J Mit F6 (grau) je zwei Knoten nach links über F5, F4 und F3. Mit F7 (grau) je zwei Knoten nach rechts über F8, F9 und F10.

K Mit F6 (gelb) zwei Knoten nach rechts über F7. Mit F6 (gelb) je zwei Knoten nach links über F5, F4 und F3. Mit F7 (gelb) je zwei Knoten nach rechts über F7, F8 und F9.

L Mit F1 (grau) je zwei Knoten nach rechts über F2 und F3. Mit F12 (grau) je zwei Knoten nach links über F11 und F10.

M Mit F6 (grün) je zwei Knoten nach links über F5, F4, F3, F2 und F1. Mit F7 (grün) je zwei Knoten nach rechts über F8, F9, F10, F11 und F12.

N Mit F6 (schwarz) zwei Knoten nach rechts über F7. Mit F6 (schwarz) je zwei Knoten nach links über F5, F4, F3, F2 und F1. Mit F7 (schwarz) je zwei Knoten nach rechts über F8, F9, F10, F11 und F12.

O Punkt **N** wiederholen, bis das Band die halbe gewünschte Länge hat (etwa sechsmal). Die letzte Spitze ist wieder schwarz.

P Den Knoten lösen und die geknüpfte Seite des Bandes mit der Sicherheitsnadel auf der Unterlage befestigen. Die andere Seite des Bandes bei Punkt **A** beginnend ebenfalls knüpfen.

Q Beide Seiten des Bandes mit je einem Zöpfchen und einem Knoten beenden.

Mein Tip:

Das Band läßt sich besonders gut auf einem Kissen arbeiten, auf dem die Fäden während des Knüpfens immer wieder leicht zu sortieren sind.

Band aus Paketschnur

Aus Paketschnur entsteht ein besonders rustikales und originelles Band. Akzente setzen eine dicke Kunststoffperle, zwei Metallperlen und viele silberfarbene Ringlein.

Material

8 Fäden/80 cm dünne Paketschnur (Spagat)
1 große, honigfarbene Perle aus Kunststoff
(Ø 10 mm, Länge 20 mm)
2 silberfarbene Metallperlen
(Ø 5 mm, Länge 10 mm)
36 silberfarbene Metallringe
(Durchmesser entsprechend der Dicke der Paketschnur)

So wird's gemacht

Die große Perle auf vier Schnurfäden aufziehen und in die Mitte schieben. Die anderen vier Fäden dazunehmen und alle Fäden oberhalb der Perle verknoten. Sicherheitsnadel im Knoten befestigen. Rechts und links der Perle liegen jetzt jeweils zwei Fäden. Die Zählweise ist dieselbe wie immer: F1 und F2 liegen links von der Perle, F3, F4, F5 und F6 laufen durch die Perle, F7 und F8 liegen rechts davon.

Knüpfweise

A Die Knüpfarbeit beginnt mit F1 und F2 links von der Perle unterhalb des Knotens. Mit F1 einen Wechselknoten über F2 (abwechselnd nach rechts und zurück nach links geknüpft). Insgesamt etwa 14 solche Wechselknoten bis zum unteren Ende der Perle knüpfen.

B Mit F8 ebenfalls rund 14 Wechselknoten (diesmal abwechselnd nach links und zurück nach rechts) über F7 knüpfen.

C Mit F1 und F2 (beide Fäden zusammen) zwei Knoten nach rechts über F3 und F4 (beide Fäden zusammen). Ebenso mit F7 und F8 (beide Fäden zusammen) zwei Knoten nach links über F6 und F5 (beide Fäden zusammen).

D Auf F3, F4, F5 und F6 (zusammen) eine silberfarbene Perle aufziehen.

E Mit F2 je zwei Knoten nach rechts über F3 und F4. Mit F7 je zwei Knoten nach links über F6 und F5.

F Mit F4 je zwei Knoten nach links über F3 und F2. Mit F5 je zwei Knoten nach rechts über F6 und F7.

G Auf F1 und F8 je neun silberfarbene Ringlein aufziehen.

H Mit F1 zwei Knoten nach rechts über F2, F3 und F4. Mit F8 je zwei Knoten nach links über F7, F6 und F5. Mit F4 zwei Knoten nach rechts über F5.

I Mit F4 je zwei Knoten nach links über F3, F2 und F1. Mit F5 je zwei

Knoten nach rechts über F6, F7 und F8. Mit F4 zwei Knoten nach rechts über F5.

J Mit F1 je zwei Knoten nach rechts über F2, F3 und F4. Mit F8 je zwei Knoten nach links über F7, F6 und F5. Mit F4 zwei Knoten nach rechts über F5.

K Die Punkte **I** und **J** wiederholen. Die Knoten nicht immer ganz nach oben schieben, sondern kurze Spannfäden stehenlassen.

L Aus jeweils vier Fäden 15 Millimeter lange Zöpfe flechten und danach alle acht Fäden verknoten und abschneiden: Eine Schlaufe ist entstanden.

M Den Knoten oberhalb der großen Perle auflösen, die Sicherheitsnadel im bereits geknüpften Teil anbringen und die zweite Hälfte bei Punkt **C** beginnend knüpfen. Bei Punkt **L** kürzere Zöpfe flechten und zwei Knoten übereinander anbringen, so daß ein dicker Knoten entsteht, der als Verschluß durch die Schlaufe auf der anderen Seite geschoben werden kann.

Mein Tip:

Statt des dicken Knotens kann man auch eine weitere Perle als Verschluß auf das Band aufziehen und mit einem Knoten befestigen. Allerdings stört die harte Perle unter dem Handgelenk etwas.

Band „Stephanie"

An einem solchen Band erkennt man angehende Knüpfmeister – und die Zuneigung dessen, der einem das Kunstwerk verehrt.

Material

Anchor-Perlgarn Nr. 5
(Coats Mez)
12 Fäden/90 cm:
2 Fäden gelb (302)
2 Fäden rot (13)
2 Fäden orange (324)
2 Fäden grün (212)
2 Fäden hellgrün (254)
2 Fäden schwarz (403)

So wird's gemacht

Fäden verknoten, Sicherheitsnadel anbringen. Vor dem Knüpfen die Fäden fächerartig sortieren:
F1 und F12 rot,
F2 und F11 grün,
F3 und F10 hellgrün,
F4 und F9 schwarz,
F5 und F8 orange,
F6 und F7 gelb.

Knüpfweise

A Achtung! Die Fadennumerierung ist bei diesem Band sehr wichtig! Mit F1 (rot) zwei Knoten nach rechts über F2. Mit dem neuen F1 (grün) zwei Knoten nach rechts über F2 (rot). Mit dem neuen F1 (rot) zwei Knoten nach rechts über F2 (grün). Auf F1 und F2 sind drei Knoten zu sehen.

B Mit F3 (hellgrün) zwei Knoten nach rechts über F4 (schwarz). Mit dem neuen F3 (schwarz) zwei Knoten nach rechts über F4 (hellgrün). Mit dem neuen F3 (hellgrün) zwei Knoten nach rechts über F4 (schwarz).

C Mit F5 (orange) zwei Knoten nach rechts über F6 (gelb)

D Mit F12 (rot) zwei Knoten nach links über F11 (grün). Mit dem neuen F12 (grün) zwei Knoten nach links über F11 (rot). Mit dem neuen F12 (rot) zwei Knoten nach links über F11 (grün).

E Mit F10 (hellgrün) zwei Knoten nach links über F9 (schwarz). Mit dem neuen F10 (schwarz) zwei Knoten nach links über F9 (hellgrün). Mit dem neuen F10 (hellgrün) zwei Knoten nach links über F9 (schwarz).

F Mit F8 (orange) zwei Knoten nach links über F7 (gelb). F6 (orange) und F7 (orange) in der Mitte mit zwei Knoten nach rechts verknoten.

G Mit F5 (zwei Knoten nach rechts über F6. Mit F8 zwei Knoten nach links über F7. F6 und F7 in der Mitte mit zwei Knoten nach rechts zusammenknoten.

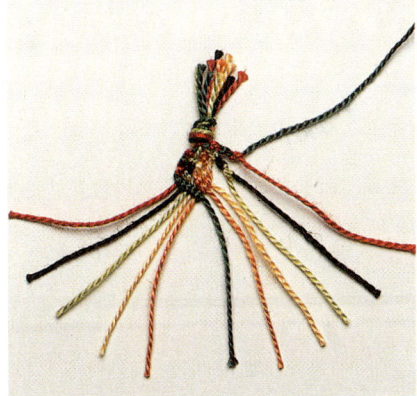

H Punkt **G** wiederholen.

I Mit F1 (grün) je zwei Knoten nach rechts über F2, F3, F4, F5 und F6.

J Mit F12 (grün) je zwei Knoten nach links über F11, F10, F9, F8 und F7. Mit F6 (grün) zwei Knoten nach rechts über F7 (grün). Eine grüne Spitze ist entstanden. Die Reihenfolge der Fäden beachten, damit die Farbfolge rechts und links übereinstimmt!

K Die Punkte **A** bis **J** wiederholen, bis das Band die gewünschte Länge hat.

L Das Band mit je einem Zöpfchen auf beiden Seiten abschließen.

Mein Tip:

Die Knoten immer fest aneinanderschieben! Dadurch entsteht eine gleichmäßige Knüpfarbeit.

Band „Metallica"

Hier kommen alle zu ihrem Recht, die gern mit Perlen und Metallringen arbeiten. Durch andere Garnfarben oder Perlen können ganz unterschiedliche Bänder nach dem gleichen Muster geknüpft werden.

Material

Anchor-Sticktwist
(*Coats Mez*)
8 Fäden/90 cm:
2 Fäden orange (332)
2 Fäden blau (149)
2 Fäden grün (245)
2 Fäden schwarz (403)
2 längliche Knochenperlen
(Ø 7 mm, Länge 20 mm)
2 Metallperlen
(Ø 8 mm, Länge 10 mm)
24 Metallringe (Ø 4 mm)

So wird's gemacht

Fäden verknoten, Sicherheitsnadel anbringen. Vor dem Knüpfen die Fäden fächerartig sortieren:
F1 und F8 schwarz,
F2 und F7 orange,
F3 und F6 blau,
F4 und F5 grün.

Knüpfweise

A Mit F1 (schwarz) je zwei Knoten nach rechts über F2, F3 und F4. Mit F8 (schwarz) je zwei Knoten nach links über F7, F6 und F5. Mit F4 (schwarz) zwei Knoten nach rechts über F5: Eine schwarze Pfeilspitze ist entstanden.

B Punkt **A** zweimal wiederholen, so daß eine orangefarbene und eine blaue Pfeilspitze zu sehen sind.

C Auf F2 und F7 je einen Ring ziehen.

D Mit F1 (grün) zwei Knoten nach rechts über F2. Mit F8 (grün) zwei Knoten nach links über F7.

E Auf F2 und F7 je einen Ring ziehen.

F Mit F1 (schwarz) zwei Knoten nach rechts über F2. Mit F8 (schwarz) zwei Knoten nach links über F7.

G Mit F3 (orange) zwei Knoten nach rechts über F4. Mit F6 (orange) zwei Knoten nach links über F5. Mit F4 zwei Knoten nach rechts über F5.

H Punkt **G** einmal wiederholen.

I Mit F1 (grün) je zwei Knoten nach rechts über F2, F3 und F4. Mit F8 (grün) je zwei Knoten nach links über F7, F6 und F5. Eine große Perle auf F4 und F5 fädeln.

J Mit F3 (blau) je zwei Knoten nach links über F2 und F1. Mit F6 (blau) je zwei Knoten nach rechts über F7 und F8.

K Punkt **J** etwa siebenmal wiederholen (bis zum unteren Ende der Perle).

L Mit F4 (grün) je zwei Knoten nach links über F3, F2 und F1. Mit F5 (grün) je zwei Knoten nach rechts über F6, F7 und F8.

M Mit F4 (schwarz) zwei Knoten nach rechts über F5. Mit F4 (schwarz) zwei Knoten nach links über F3, F2 und F1. Mit F5 (schwarz) zwei Knoten nach rechts über F6, F7 und F8. Auf F4 und F5 (blau) einen Ring, eine Metallperle und einen zweiten Ring ziehen.

N Punkt **J** viermal wiederholen. Mit F3 (grün) zwei Knoten nach rechts über F4. Mit F6 (grün) zwei Knoten nach links über F5.

O Mit F2 (schwarz) je zwei Knoten nach rechts über F3 und F4. Mit F7 (schwarz) je zwei Knoten nach links über F6 und F5. F4 und F5 zusammenknoten.

P Punkt **A** wiederholen (F1 und F8 sind orange).

Q Auf F1 (blau) und F8 (blau) je sechs Metallringe aufziehen. Mit F2 (grün) zwei Knoten über F3. Mit F7 (grün) zwei Knoten nach links über F6.

R Mit F4 (orange) je zwei Knoten nach links über F3, F2 und F1. Mit F5 (orange) je zwei Knoten nach rechts über F6, F7 und F8.

S Mit F4 (grün) je zwei Knoten nach links über F3 und F2. Mit F5 (grün) je zwei Knoten nach rechts über F6 und F7.

T Mit F4 (schwarz) zwei Knoten nach links über F5. Mit F5 (schwarz) zwei Knoten nach rechts über F6. Auf F4 (blau) und F5 (blau) einen Metallring, eine Metallperle und einen zweiten Ring ziehen.

U Mit F1 (orange) je zwei Knoten nach rechts über F2 und F3. Mit F8 (orange) je zwei Knoten nach links über F7 und F6. Punkt **U** fünfmal wiederholen. Die letzte Reihe ist schwarz.

V Mit F3 (schwarz) zwei Knoten nach rechts über F4. Mit F6 (schwarz) zwei Knoten nach links über F5. Mit F4 (schwarz) zwei Knoten nach rechts über F5.

W Die Punkte **I** bis **L** wiederholen (dabei ändert sich die Farbfolge).

X Mit F2 (blau) zwei Knoten nach links über F1. Auf F2 einen Ring aufziehen. Mit F7 (blau) zwei Knoten nach rechts über F8. Auf F7 einen Ring aufziehen. Punkt **X** einmal wiederholen. Mit den mittleren vier Fäden zwei Pfeilspitzen knüpfen (siehe Seite 12).

Y Mit F4 (grün) je zwei Knoten nach links über F3, F2 und F1. Mit F5 (grün) je zwei Knoten nach rechts über F6, F7 und F8. Punkt **Y** noch zweimal wiederholen.

Z Das Band auf beiden Seiten mit je einem Zöpfchen abschließen.

Band „Marina"

Wer sich an dieses Muster wagt, sollte Geduld mitbringen. Der Lohn für alle Mühe ist aber ein außergewöhnlich reizvolles Band, das alle Blicke auf sich zieht.

Material

Anchor-Perlgarn Nr. 5
(Coats Mez)
8 Fäden/90 cm:
2 Fäden blau (127)
2 Fäden lindgrün (213)
2 Fäden rot (13)
2 Fäden gelb (302)

So wird's gemacht

Fäden verknoten, Sicherheitsnadel anbringen. Vor dem Knüpfen die Fäden fächerartig sortieren:
F1 und F8 blau,
F2 und F7 rot,
F3 und F6 lindgrün,
F4 und F5 gelb.

Knüpfweise

A Die ersten fünf Reihen werden im Pfeilspitz-Muster geknüpft: Mit F1 (blau) je zwei Knoten nach rechts über F2, F3 und F4. Mit F8 (blau) je zwei Knoten nach links über F7, F6 und F5. F4 und F5 in der Mitte verknoten. Eine blaue Pfeilspitze ist entstanden. Nach dem gleichen Prinzip vier weitere Pfeilspitzen knüpfen. Die letzte ist wieder blau.

B Mit F1 (rot) je zwei Knoten nach rechts über F2 und F3. Mit F8 (rot) je zwei Knoten nach links über F7 und F6.

C Mit F1 (lindgrün) einen Wechselknoten (rechts/links) über F2. Mit F8 (lindgrün) einen Wechselknoten (links/rechts) über F7.

D Mit F3 (rot) je zwei Knoten nach links über F2 und F1. Mit F6 (rot) je zwei Knoten nach rechts über F7 und F8.

E Mit F4 (blau) je zwei Knoten nach links über F3, F2 und F1. Mit F5 (blau) je zwei Knoten nach rechts über F6, F7 und F8.

F Mit F4 (gelb) zwei Knoten nach rechts über F5. Mit dem neuen F4 (gelb) je zwei Knoten nach links über F3, F2 und F1. Mit F5 (gelb) je zwei Knoten nach rechts über F6, F7 und F8.

G Mit F4 (lindgrün) zwei Knoten nach rechts über F5. Mit dem neuen F4 (lindgrün) je zwei Knoten nach links über F3 und F2. Mit F5 (lindgrün) zwei Knoten nach rechts über F6 und F7.

H Mit F4 (rot) zwei Knoten nach rechts über F5. Mit dem neuen F4 (rot) zwei Knoten nach links über F3. Mit F5 (rot) zwei Knoten nach rechts über F6.

I Mit F4 (blau) zwei Knoten nach rechts über F5.

J Mit F3 (rot) zwei Knoten nach rechts über F4. Mit F6 (rot) zwei Knoten nach links über F5. F4 und F5 zusammenknoten.

K Mit F2 (lindgrün) je zwei Knoten nach rechts über F3 und F4. Mit F7 (lindgrün) je zwei Knoten nach links über F6 und F5. Mit F4 (lindgrün) zwei Knoten nach rechts über F5.

L Mit F1 (gelb) je zwei Knoten nach rechts über F2, F3 und F4. Mit F8 (gelb) je zwei Knoten nach links über F7, F6 und F5. Mit F4 (gelb) zwei Knoten nach rechts über F5.

M Mit F1 (blau) je zwei Knoten nach rechts über F2 und F3. Mit F8 (blau) je zwei Knoten nach links über F7 und F6.

N Mit F1 (rot) zwei Knoten nach rechts über F2 und zwei Knoten wieder zurück auf F2 (Rechts-Linksknoten). Mit F8 (rot) zwei Knoten nach links über F7 und zwei Knoten zurück auf F7.

O Mit F4 (gelb) zwei Knoten nach links über F3. Anschließend mit F3 (gelb) einen Wechselknoten (links/rechts) über F2. Mit F5 (gelb) zwei Knoten nach rechts über F6. Anschließend mit F6 (gelb) einen

Wechselknoten (rechts/links) über F7. Mit F4 (blau) zwei Knoten nach rechts über F5.

P Mit F3 (gelb) zwei Knoten nach rechts über F4. Mit F6 (gelb) zwei Knoten nach links über F5. F4 und F5 zusammenknoten.

Q Mit F1 (rot) je zwei Knoten nach rechts über F2, F3 und F4. Mit F8 (rot) je zwei Knoten nach links über F7, F6 und F5. F4 und F5 in der Mitte zusammenknoten. Auf die gleiche Weise eine hellgrüne Pfeilspitze arbeiten.

R Mit F1 (blau) zwei Knoten nach rechts über F2, einen Knoten nach rechts über F3 und einen Knoten zurück über den jetzt links außen liegenden F1. Mit F8 (blau) zwei Knoten nach links über F7, einen Knoten nach links über F6 und einen Knoten zurück nach rechts über den neuen F7.

S Mit F4 (lindgrün) je zwei Knoten nach links über F3, F2 und F1. Mit F5 (lindgrün) je zwei Knoten nach rechts über F6, F7 und F8.

T Mit F4 (rot) zwei Knoten nach rechts über F5. Mit dem neuen F4

Band „Regenbogen"

Das Band, das auf dem Umschlagfoto noch während der Arbeit zu sehen ist, sieht im Sommer auf gebräunter Haut besonders hübsch aus. Eine interessante Aufgabe für echte Knüpfkünstler!

Material

Anchor-Perlgarn Nr. 5
(*Coats Mez*)
12 Fäden/110 cm:
2 Fäden gelb (291)
2 Fäden weiß (1)
2 Fäden schwarz (403)
2 Fäden rot (46)
2 Fäden grün (229)
2 Fäden blau (410)

So wird's gemacht

Fäden verknoten, Sicherheitsnadel anbringen. Vor dem Knüpfen die Fäden fächerartig sortieren:
F1 und F12 blau,
F2 und F11 gelb,
F3 und F10 schwarz,
F4 und F9 rot,
F5 und F8 grün,
F6 und F7 weiß.

Knüpfweise

A Mit F1 (blau) je zwei Knoten nach rechts über F2, F3, F4, F5, F6, F7, F8, F9, F10 und F11. Faden nach rechts legen.

B Mit F1 (gelb) je zwei Knoten nach rechts über F2, F3, F4, F5, F6, F7, F8, F9 und F10. Faden nach rechts legen.

C Mit F12 (blau) je zwei Knoten nach links über F11, F10 und F9.

D Mit F1 (rot) je zwei Knoten nach rechts über F2, F3, F4, F5, F6 und F7. Mit F9 (blau) je zwei Knoten nach links über F8.

E Mit F1 (grün) je zwei Knoten nach rechts über F2, F3, F4, F5, F6 und F7. Mit F9 (blau) je zwei Knoten nach links über F8.

F Mit F1 (schwarz) je zwei Knoten nach rechts über F2, F3, F4, F5 und

(rot) je zwei Knoten nach links über F3 und F2. Mit F5 (rot) je zwei Knoten nach rechts über F6 und F7.

U Mit F4 (gelb) zwei Knoten nach rechts über F5. Mit dem neuen F4 (gelb) zwei Knoten nach links über F3. Mit F5 (gelb) zwei Knoten nach rechts über F6.

V Mit F4 (blau) zwei Knoten nach rechts über F5. Mit F3 (gelb) zwei Knoten nach rechts über F4. Mit F6 (gelb) zwei Knoten nach links über F5. F4 und F5 zusammenknoten.

W Mit F2 (rot) je zwei Knoten nach rechts über F3 und F4. Mit F7 (rot) je zwei Knoten nach links über F6 und F5. F4 und F5 zusammenknoten.

X Mit F1 (lindgrün) je zwei Knoten nach rechts über F2, F3 und F4. Mit F8 (lindgrün) je zwei Knoten nach links über F7, F6 und F5. F4 und F5 zusammenknoten. Danach eine blaue und eine gelbe Pfeilspitze arbeiten (siehe Punkt **A**).

Y Die Punkte **B** bis **X** wiederholen, bis das Band die gewünschte Länge hat. Bei der Wiederholung ändert sich die Farbfolge. Aber wer sich an die Numerierung der Fäden hält, hat keine Probleme.

Z Das Band mit je einem Zöpfchen an beiden Enden abschließen.

Mein Tip:

Nicht vergessen: Die Fäden sind immer nach ihrer jeweiligen Position benannt. F1 ist stets der Faden, der gerade links außen liegt.

F6. Mit F8 (blau) zwei Knoten nach links über F7.

G Mit F1 (weiß) je zwei Knoten nach rechts über F2, F3, F4 und F5. Mit F7 (blau) zwei Knoten nach links über F6.

H Mit F1 (weiß) je zwei Knoten nach rechts über F2, F3 und F4. Mit F6 (blau) zwei Knoten nach links über F5.

I Mit F1 (grün) je zwei Knoten nach rechts über F2, F3 und F4. Mit F5 (blau) zwei Knoten nach links über F4.

J Mit F1 (rot) je zwei Knoten nach rechts über F2 und F3. Mit dem neuen F1 (schwarz) zwei Knoten nach rechts über F2. Mit F3 (rot) je zwei Knoten nach links über F2 und F1.

K Mit F12 (blau) je zwei Knoten nach links über F11, F10, F9, F8, F7, F6, F5, F4, F3, F2 und F1.

L Mit F12 (gelb) je zwei Knoten nach links über F11, F10, F9, F8, F7, F6, F5, F4, F3 und F2. Mit F1 (blau) zwei Knoten nach rechts über F2.

M Mit F12 (gelb) je zwei Knoten nach links über F11, F10, F9, F8, F7, F6, F5, F4 und F3. Mit F2 (blau) zwei Knoten nach rechts über F3.

N Mit F12 (rot) je zwei Knoten nach links über F11, F10, F9, F8, F7, F6, F5 und F4. Mit F3 (blau) zwei Knoten nach rechts über F4.

O Mit F12 (grün) je zwei Knoten nach links über F11, F10, F9, F8, F7, F6 und F5. Mit F4 (blau) zwei Knoten nach rechts über F5.

P Mit F12 (schwarz) je zei Knoten nach links über F11, F10, F9, F8, F7 und F6. Mit F5 (blau) zwei Knoten nach rechts über F6.

Q Mit F12 (weiß) je zwei Knoten nach links über F11, F10, F9, F8 und F7. Mit F6 (blau) zwei Knoten nach rechts über F7.

R Mit F12 (grün) je zwei Knoten nach links über F11, F10, F9 und F8. Mit F7 (blau) zwei Knoten nach rechts über F8.

S Mit F12 (blau) je zwei Knoten nach links über F11, F10 und F9. Mit F8 (blau) zwei Knoten nach rechts über F9.

T Mit F12 (schwarz) je zwei Knoten nach links über F11 und F10. Mit F12 (weiß zwei Knoten nach links über F11. Mit F10 (schwarz) je zwei Knoten nach rechts über F11 und F12.

U Mit F9 (blau) je zwei Knoten nach rechts über F10, F11 und F12.

V Die Punkte **A** bis **U** wiederholen, bis das Band die gewünschte Länge hat. Bei der Wiederholung ändert sich die Farbfolge.

W Das Band auf beiden Seiten mit je einem Zöpfchen abschließen.

Band „Ozean" ││││

Für dieses edle Band ist Knüpf-Erfahrung nötig. Achtung: Die grünen Fäden, die das Zackenmuster ergeben, sind diesmal um 20 cm länger als die schwarzen. Die Fäden müssen immer wieder richtig sortiert werden, damit man den Überblick behält.

Material

Anchor-Perlgarn Nr. 5
(*Coats* Mez)
9 Fäden unterschiedlicher Länge:
6 Fäden/90 cm schwarz (403)
2 Fäden/110 cm hellgrün (185)
1 Faden/110 cm grün (188)

So wird's gemacht

Fäden verknoten, Sicherheitsnadel anbringen. Vor dem Knüpfen die Fäden fächerartig sortieren:
F1 schwarz,
F2 und F4 hellgrün,
F3 grün,
F5, F6, F7, F8, F9 schwarz.

Knüpfweise

A Mit F4 (hellgrün) je zwei Knoten nach rechts über F5, F6, F7 und F8. Mit dem gleichen Faden einen Wechselknoten (rechts/links) über F9. Faden nach innen legen.

B Mit F3 (grün) je zwei Knoten nach rechts über F4, F5 und F6. Mit dem gleichen Faden einen Wechselknoten (rechts/links) über F7. Faden nach innen legen.

C Mit F2 (hellgrün) je zwei Knoten nach rechts über F3 und F4 und einen Wechselknoten (rechts/links) über F5.

37

D Mit F2 (hellgrün) je zwei Knoten nach rechts über F3 und F4 und einen Wechelknoten (rechts/links) über F5. Mit F1 (schwarz) je zwei Knoten nach rechts über F2 und F3.

E Mit F1 (schwarz) zwei Knoten nach rechts über F2.

F Mit F4 (hellgrün) je zwei Knoten nach links über F3 und F2 und einen Wechselknoten (links/rechts) über F1. Faden nach innen legen.

G Mit F6 (grün) je zwei Knoten nach links über F5 und F4 und Wechselknoten (links/rechts) über F3.

H Mit F8 (hellgrün) je zwei Knoten nach links über F7 und F6 und einen Wechselknoten (links/rechts) über F5. Die linke Zeichnung zeigt den Wechselknoten, die rechte den Stand der Knüpfarbeit.

I Mit F9 (schwarz) je zwei Knoten nach links über F8 und F7.

J Mit F9 (schwarz) zwei Knoten nach links über F8.

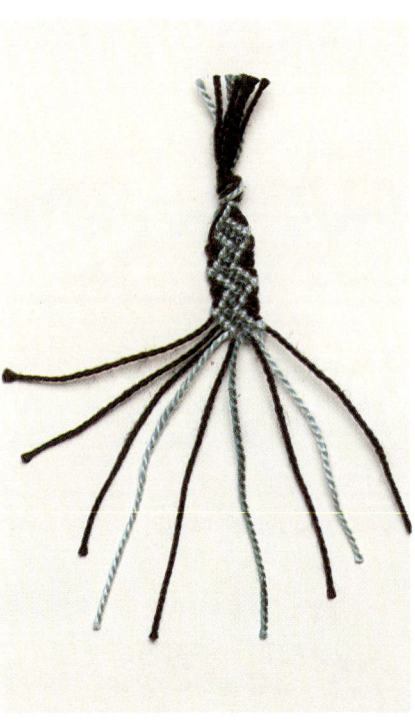

K Mit F6 (hellgrün) je zwei Knoten nach rechts über F7 und F8 und einen Wechselknoten (rechts/links) über F9. Faden nach innen legen.

L Mit F4 (grün) je zwei Knoten nach rechts über F5 und F6 und einen Wechselknoten (rechts/links) über F7. Faden nach innen legen.

M Mit F2 (hellgrün) je zwei Knoten über F3 und F4 und einen Wechselknaoten (rechts/links) über F5. Die Fäden müßten jetzt folgendermaßen geordnet sein:
F1, F2, F3 schwarz,
F4 hellgrün,
F5 schwarz,
F6 grün,
F7 schwarz,
F8 hellgrün,
F9 schwarz.

N Die Punkte **D** bis **M** wiederholen, bis das Band lang genug ist.

O Das Band mit je einem Zöpfchen auf beiden Seiten beenden.

Gürtel-schlaufen

Handgeknüpfte Gürtelschlaufen geben einfachen Gürteln das gewisse Etwas und passen ausgezeichnet zu Jeans. Diese Schlaufen sind nach dem Muster des Bandes „Ozean" gearbeitet, aber auch viele andere, nicht zu filigrane Muster eignen sich dafür.

Material

Anchor-Perlgarn Nr. 5
(*Coats Mez*)
9 Fäden unterschiedlicher Länge:
6 Fäden/75 cm weiß (1)
2 Fäden/95 cm rot (46)
1 Faden/95 cm blau (410)

So wird's gemacht

Fäden verknoten, Sicherheitsnadel anbringen. Vor dem Knüpfen die Fäden fächerartig sortieren:
F1 weiß,
F2 und F4 rot,
F3 blau,
F5, F6, F7, F8 und F9 weiß

Knüpfweise

A Geknüpft wird wie beim Band „Ozean" (Seite 36), allerdings mit geänderten Farben (Weiß statt Schwarz, Rot statt Hellgrün, Blau statt Grün). Je nach Breite des Gürtels etwa 7 bis 8 cm lange Bänder knüpfen.

B Wenn das Band lang genug ist, den Knoten, in dem die Sicherheitsnadel befestigt ist, lösen und das Band rechts auf rechts in der Mitte zusammenlegen. Die einander gegenüberliegenden Fäden mit drei bis vier Knoten verknüpfen und die Fadenenden abschneiden. Die Schlaufe wenden und auf den Gürtel ziehen.

Mein Tip:

Die Fadenlänge ist großzügig berechnet, so daß sich auch Schlaufen für breitere Gürtel damit arbeiten lassen.

Fischband auf Holzkugelschreiber

Mit dem Fischbändchen in Beige, Braun und Schwarz läßt sich eine ganze Schreibgarnitur aus Holz und Naturleder außergewöhnlich verzieren. Das Band auf dem Holzkugelschreiber sieht nicht nur dekorativ aus, sondern verhindert auch, daß der drehrunde Stift vom Tisch rollt.

Material

Anchor-Perlgarn Nr. 5
(Coats Mez)
6 Fäden/55 cm
2 Fäden schwarz (403)
2 Fäden beige (390)
2 Fäden braun (371)
1 Holzkugelschreiber (Schreibwarengeschäft oder Kaufhaus)
doppelseitiges Klebeband

So wird's gemacht

Fäden verknoten, Sicherheitsnadel befestigen und die Fäden nach Farben sortieren (siehe Zeichnung):
F1 und F6 schwarz,
F2 und F5 braun,
F3 und F4 beige.

Knüpfweise

A Das Band beginnt im Pfeilspitzmuster:
Mit F1 (schwarz) je zwei Knoten nach rechts über F2 und F3.
Mit F6 (schwarz) je zwei Knoten nach links über F5 und F4.
F3 und F4 in der Mitte zusammenknoten.

Diesen Arbeitsgang noch zweimal wiederholen: Es sind drei Pfeilspitzen zu sehen (siehe Zeichnung)

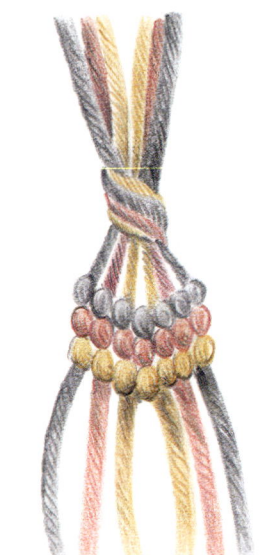

F1 F2 F3　　F4 F5 F6

B Mit F3 (beige) zwei Knoten nach links.
Mit F4 (beige) zwei Knoten nach rechts.
Mit F3 (braun) zwei Knoten nach rechts.
Mit F2 (beige) zwei Knoten nach rechts.
Mit F5 (beige) zwei Knoten nach links.
Mit F3 (beige) zwei Knoten nach rechts.
Jetzt ist ein kleiner, beigefarbener „Fisch" mit braunem Auge zu sehen (siehe Detailfoto).

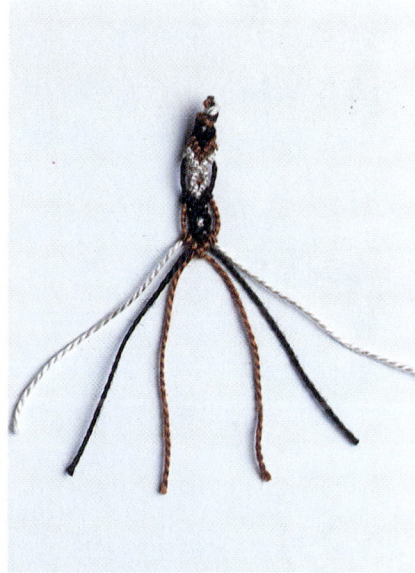

C Mit F1 (schwarz) je zwei Knoten nach rechts über F2 und F3.
Mit F6 (schwarz) je zwei Knoten nach links über F5 und F4.
Mit F3 (schwarz) zwei Knoten nach rechts über F4.

D Punkt **B** und **C** neunmal wiederholen. Dabei ändert sich die Farbfolge bei jedem „Fisch".

E Das kurze Band mit Zöpfchen an beiden Enden abschließen und mit doppelseitigem Klebeband auf dem Kugelschreiber befestigen. Fest andrücken.

Band auf Schreibetui

Das Etui aus Naturleder wurde mit einem Band passend zu den Holzkugelschreibern dekoriert. Weil das Band so kurz ist, wird es ganz schnell fertig.

Material

Anchor-Perlgarn Nr. 5
(Coats Mez)
6 Fäden/55 cm:
2 Fäden schwarz (403)
2 Fäden beige (390)
2 Fäden braun (371)
1 Lederetui für zwei Stifte
(siehe Foto)
doppelseitiges Klebeband

So wird's gemacht

Fäden verknoten, Sicherheitsnadel befestigen und die Fäden nach Farben sortieren (siehe Zeichnung):
F1 und F6 schwarz,
F2 und F5 braun,
F3 und F4 beige.

Knüpfweise

Das Band wird genauso geknüpft wie das Fischbändchen für die Holzkugelschreiber. Bei Punkt **D** werden die Arbeitsgänge **B** und **C** allerdings nur sechsmal wiederholt.
Das Band wird mit drei Pfeilspitzen beendet. Danach schneidet man die überstehenden Fäden auf 0,5 cm zurück. Keine Angst! Das Band löst sich nicht auf.
Die Enden nach innen umschlagen und das Band fest auf das doppelseitige Klebeband drücken. Mit dem Klebeband fest auf die Verschlußschlaufe des Etuis drücken.

Reißverschlußbänder am Schlampermäppchen

Das Schlampermäppchen mit den Fischbändern an den Reißverschlüssen komplettiert die Schreibserie (Foto Seite 40/41). Wer ein gemustertes Mäppchen hat, kann die Farben für das Band passend dazu wählen.

Material

Anchor-Perlgarn Nr. 5
(Coats Mez)
Je Reißverschluß 3 Fäden/50 cm
1 Faden schwarz (403)
1 Faden beige (390)
1 Faden braun (371)
1 Schlampermäppchen
2 Holzperlen

So wird's gemacht

Die drei Fäden werden durch die Öse am Reißverschluß-Zipper gezogen, so daß sie an beiden Seiten gleich weit herunterhängen (25–30 cm). Wir haben nun sechs Fäden zum Knüpfen. Fäden verknoten, Sicherheitsnadel befestigen und die Fäden nach Farben sortieren (siehe Zeichnung):
F1 und F6 schwarz,
F2 und F5 braun,
F3 und F4 beige.

Knüpfweise

Das Band wird geknüpft wie das für den Holzkugelschreiber (Seite 40). Nach vier Fischmotiven die Fäden verknoten, alle Fäden durch die Holzperle ziehen und ein zweites Mal verknoten. Fäden abschneiden.

Variante:

Passend zum Schlampermäppchen mit Blumendruck ist das gleiche Bändchen in den Farben braun (883), gelb (300) und grün (214) geknüpft. Statt der Holzperle habe ich eine Knochenperle verwendet.

Band für den Bleistift

Am geknüpften Band um den Hals getragen, ist der Stift immer griffbereit. Um ein solches Prachtstück zu knüpfen, darf man allerdings nicht ungeduldig sein.

Material

Anchor-Sticktwist *(Coats Mez)*
8 Fäden/200 cm
2 Fäden braun (883)
2 Fäden blau (146)
2 Fäden rosé (8)
2 Fäden schwarz (403)
1 bunter Bleistift
1 kleiner Handbohrer
1 Stopfnadel

So wird's gemacht

Mit dem Handbohrer ein kleines Loch quer durch das Ende des Bleistifts bohren. Die acht Fäden mit der Nadel durch das Loch ziehen und an beiden Seiten des Bleistifts verknoten. Fäden sortieren:
F1 und F8 braun,
F2 und F7 blau,
F3 und F6 rosé,
F4 und F5 schwarz.

Knüpfweise

A Mit F1 je zwei Knoten nach rechts über F2, F3 und F4. Mit F8 je zwei Knoten nach links über F7, F6 und F5. Mit F4 zwei Knoten nach rechts über F5: Die erste Pfeilspitze (braun) ist fertig. Auf die gleiche Weise fünf weitere Pfeilspitzen in Blau, Rosé, Schwarz, Braun und Blau knüpfen (siehe Zeichnung).

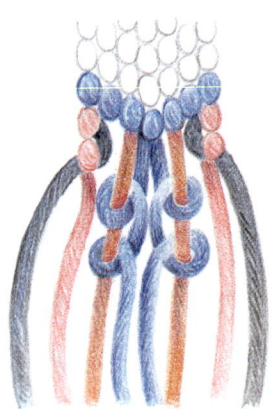

B Mit F1 zwei Knoten nach links über F2. Mit F8 zwei Knoten nach rechts über F7. Mit F4 je zwei Knoten nach links über F3, F2 und F1. Mit F5 je zwei Knoten nach rechts über F6, F7 und F8. Mit F4 zwei Knoten nach rechts über F5 (siehe Zeichnung).

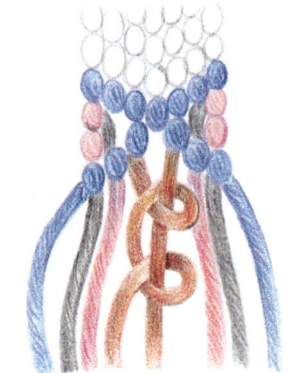

C Die nächsten Pfeilspitzen werden von der Mitte aus gearbeitet: Mit F4 je zwei Knoten nach links über F3, F2 und F1. Mit F5 je zwei Knoten nach rechts über F6, F7 und F8. Eine braune Pfeilspitze ist entstanden.

D Mit F4 zwei Knoten nach rechts über F5 (siehe Zeichnung).

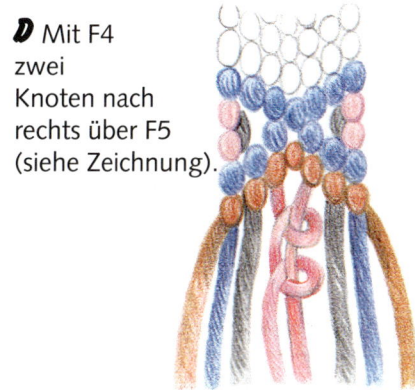

E Mit F4 je zwei Knoten nach links über F3, F2 und F1. Mit F5 zwei Knoten nach rechts über F6, F7 und F8. Eine schwarze Spitze ist zu sehen. Auf die gleiche Weise vier weitere Pfeilspitzen knüpfen.

F Mit F4 zwei Knoten nach rechts über F5. Mit F3 (blau) zwei Knoten nach rechts über F4. Mit F6 zwei Knoten nach links über F5. Mit F4 zwei Knoten nach rechts über F5.

Mit F2 (braun) je zwei Knoten nach rechts über F3 und F4. Mit F7 (braun) je zwei Knoten nach links über F6 und F5. F4 und F5 zusammenknoten.

G Mit F1 (schwarz) je zwei Knoten nach rechts über F2, F3 und F4. Mit F8 je zwei Konten nach links über F7, F6 und F5. F4 und F5 zusammenknoten. Eine schwarze Pfeilspitze ist entstanden. Auf die gleiche Weise sechs weitere Pfeilspitzen knüpfen. Die letzte davon ist blau.

H Punkt **B** bis **G** wiederholen, bis die eine Hälfte des Bandes lang genug ist. Bei der Wiederholung verändert

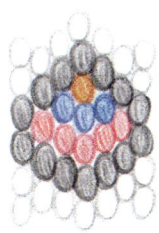

sich die Farbanordnung, doch habe ich bei diesem Band darauf geachtet, daß das Kreuz immer blau und die Raute (siehe Zeichnung) immer schwarz ist.

I Die eine Seite des Bandes mit einem Zopf abschließen.

J Die zweite Hälfte des Bandes auf der anderen Stiftseite ebenso arbeiten. Die Abschlußzöpfe miteinander verknoten.

Mein Tip:

Mit 90 cm langen Fäden läßt sich nach dem gleichen Muster auch ein Armband knüpfen.

Schnürsenkel für Babyschuhe

Ein reizendes Geschenk zur Geburt eines Kindes sind solche warmen Pelzschuhe mit handgeknüpften Bändern. Jedes Band eignet sich einzeln auch als Armband.

Material

Anchor-Perögarn Nr. 5
(Coats Mez)
6 Fäden/90 cm:
2 Fäden dunkelrot (20)
2 Fäden apricot (337)
2 Fäden braun (371)
(Diese Materialangaben beziehen sich auf 1 Band. Für zwei Schuhe werden insgesamt 4 Bänder gebraucht.)
1 Paar Babyschuhe aus Leder, Größe 18

So wird's gemacht

Fäden verknoten, Sicherheitsnadel befestigen und die Fäden nach Farben sortieren:
F1 und F6 rot,
F2 und F5 apricot,
F3 und F4 braun.

Knüpfweise

A Mit F1 (rot) je zwei Knoten nach rechts über F2 und F3. Mit F6 (rot) je zwei Knoten nach links über F5 und F4. Mit F3 zwei Knoten nach rechts über F4: Eine rote Spitze ist entstanden.

B Punkt **A** noch sechsmal wiederholen; die sechste Spitze ist wieder rot.

C Mit F1 (apricot) zwei Knoten nach rechts über F2. Mit F3 (rot) je zwei Knoten nach links über F2 und F1. Mit F6 (apricot) zwei Knoten nach links über F5. Mit F4 (rot) je zwei Knoten nach rechts über F5 und F6: Ein rotes Kreuz ist entstanden.

D Mit F3 (apricot) zwei Knoten nach rechts über F4 (apricot). Jetzt arbeiten wir von der Mitte nach außen.

E Mit F3 (apricot) zwei Knoten nach links über F2 und F1. Mit F4 (apricot) je zwei Knoten nach rechts über F5 und F6: Eine apricotfarbene Spitze ist entstanden.

F Punkt **D** und **E** achtmal wiederholen.

G Mit F3 (apricot) zwei Knoten nach rechts über F4 (apricot). Mit F1 (rot) je zwei Knoten nach rechts über F2 und F3. Mit F6 (rot) je zwei Knoten nach links über F5 und F4. F3 und F4 (rot) mit zwei Knoten nach rechts zusammenknoten.

H Ab Punkt **A** wiederholen. Dabei verändert sich die Farbfolge. Bei der zweiten Wiederholung ist die Farbfolge wieder die gleiche wie am Anfang.

1 Wenn das Band die gewünschte Länge hat, die Fadenenden zu Zöpfchen flechten.

3 Für jeden Schuh zwei Bänder arbeiten und von hinten nach vorne durch die dafür vorgesehenen Löcher in den Schuhen ziehen. An der Rückseite der Schuhe verknoten, vorne zur Schleife binden. Weil das Arbeiten mit sehr langen Fäden schwierig ist, habe ich mich für zwei kürzere Bänder pro Schuh entschieden.

Mein Tip:

Wenn die Pelzschuhe keine Löcher für die Schuhbänder haben, acht Löcher mit der Lochzange einstanzen.

Kleine Pferdedecke

Aus dem Holzpferdchen mit der geknüpften Decke, einem Lederband und einigen Holzperlen wird ein außergewöhnliches Schmuckstück.

Material

Anchor-Sticktwist (Coats Mez)
10 Fäden/50 cm:
2 Fäden dunkelrot (44)
2 Fäden altrosé (883)
2 Fäden hellgrün (847)
2 Fäden blaugrün (851)
2 Fäden mittelgrün (216)
1 Holzpferdchen, ca. 6 cm hoch (Bastelgeschäft)
1 Stahl- oder Drahtstäbchen, ca. 6 cm
1 kleine, zylindrische Holzperle
1 Lederband, schwarz, ca. 100 cm
2 bemalte Holzperlen, Ø ca. 16 mm
doppelseitiges Klebeband

So wird's gemacht

Fäden verknoten, Sicherheitsnadel befestigen und die Fäden nach Farben sortieren:
F1 und F10 dunkelrot,
F2 und F9 mittelgrün,
F3 und F8 altrosé,
F4 und F7 blaugrün,
F5 und F6 hellgrün

Knüpfweise

A Mit F1 je zwei Knoten nach rechts über F2, F3, F4 und F5. Mit F10 je zwei Knoten nach links über F9, F8, F7 und F6. Mit F5 zwei Knoten nach rechts über F6: Die erste Pfeilspitze ist fertig. Auf die gleiche Weise sechs weitere Pfeilspitzen arbeiten. Die sechste Spitze ist dunkelrot.

B Mit F1 je zwei Knoten nach rechts über F2, KF3 und F4. Faden liegenlassen. Mit F1 je zwei Knoten nach rechts über F2 und F3, Faden liegenlassen. Mit F1 zwei Knoten nach rechts über F2. Faden liegenlassen. Mit F3 je zwei Knoten nach links über F2 und F1. Mit F4 (grün) je zwei Knoten nach links über F3, F2 und F1.

C Ein Dreieck ist auf der linken Seite der Arbeit entstanden. Ein entsprechendes Dreieck arbeiten wir nun gegengleich auf der rechten Seite: Mit F10 je zwei Knoten nach links über F9, F8 und F7. Faden liegenlassen. Mit F10 je zwei Knoten nach links über F9 und F8. Faden liegenlassen. Mit F10 zwei Knoten nach links über F9. Faden liegenlassen.

Mit F8 je zwei Knoten nach rechts über F9 und F10. Mit F7 je zwei Knoten nach rechts über F8, F9 und F10. Mit F6 je zwei Knoten über F7, F8, F9 und F10.

D Das zweite Dreieck ist fertig, die Pfeilspitze hat sich umgedreht. Von nun an arbeiten wir von der Mitte nach außen.

E Mit F5 zwei Knoten nach rechts über F6. Mit F5 je zwei Knoten nach links über F4, F3, F2 und F1. Mit F6 je zwei Knoten nach rechts über F7, F8, F9 und F10. Wir sehen eine rote und eine grüne Spitze. Mit F5 zwei Knoten nach rechts über F6. Weitere sechs Pfeilspitzen von innen nach außen arbeiten.

F Die Fäden an beiden Enden der Knüpfarbeit gerade abschneiden.

Fertigstellung

Falls das Pferdchen noch kein Loch zum Durchziehen des Stahl- oder Drahtstäbchens hat, den Rücken mit einem feinen Bohrer senkrecht durchbohren.
Ein Stück doppelseitiges Klebeband auf die Größe der geknüpften Decke zuschneiden, auf die Decke kleben. Das Stahlstäbchen mit der Zange zu einer Schlinge biegen und die beiden Enden erst durch die Mitte der Decke (zwischen den beiden geknüpften Dreiecken) und dann durch das Loch im Pferdchen führen. Decke fest andrücken. Unter dem Bauch des Pferdchens den Draht mit der kleinen Holzperle sichern.
Das Lederband durch die Drahtschlaufe führen, verknoten und auf jeder Seite eine der bemalten Holzperlen aufziehen. Jedes Ende für sich hinter der Perle noch einmal verknoten.

Mein Tip:

Nur nicht die Übersicht verlieren! Die Fäden sind von links nach rechts durchnumeriert. Wenn ein Faden die Position gewechselt hat, bekommt er schon beim nächsten Arbeitsschritt die Nummer seiner neuen Position.

Die Deutsche Bibliothek - CIP-Einheitsaufnahme
Freundschaftsbänder Neue Knüpf-Ideen
Schritt-für-Schritt-Anleitungen ; Armschmuck und Accessoires/
Marina Schories. - Augsburg : Augustus-Verlag, 1995
ISBN 3-8043-0369-2

Das Werk einschließlich aller seiner Teile ist urheberrechtlich geschützt. Jede Verwertung außerhalb des Urhebergesetzes ist ohne Zustimmung des Verlages unzulässig und strafbar. Das gilt insbesondere für Vervielfältigungen, Übersetzungen, Mikroverfilmungen und die Einspeicherung und Verarbeitung in elektronischen Systemen.
Es ist deshalb nicht gestattet, Abbildungen dieses Buches zu scannen, in PCs oder auf CDs zu speichern oder in PCs/Computern zu verändern oder einzeln oder zusammen mit anderen Bildvorlagen zu manipulieren, es sei denn mit schriftlicher Genehmigung des Verlages.
Die im Buch veröffentlichten Ratschläge wurden von Verfasserin und Verlag sorgfältig erarbeitet und geprüft. Eine Garantie kann dennoch nicht übernommen werden. Ebenso ist eine Haftung der Verfasserin bzw. des Verlages und seiner Beauftragten für Personen-, Sach- und Vermögensschäden ausgeschlossen. Jede gewerbliche Nutzung der Arbeiten und Entwürfe ist nur mit Genehmigung von Verfasserin und Verlag gestattet.
Bei der Anwendung im Unterricht und in Kursen ist auf dieses Buch hinzuweisen.

Autorin und Verlag danken der Firma Coats Mez, Kenzingen, für das bereitgestellte Material.

Fotografie: Klaus Lipa, Augsburg
Zeichnungen: Claudia Wiedenroth, Augsburg
Lektorat: Helene Weinold
Umschlaggestaltung: Christa Manner, München
Layout: Anton Walter, Gundelfingen

Augustus Verlag Augsburg 1995
© Weltbild Verlag GmbH, Augsburg

Satz: 10 Punkt Syntax in Quark-X-Press
von Walter Werbegrafik, Gundelfingen
Reproduktion: GAV Gerstetten
Druck und Bindung: Himmer, Augsburg

Gedruckt auf 120 g umweltfreundlich elementar chlorfrei gebleichtem Papier.

ISBN 3-8043-0369-2

Printed in Germany